Acti-Vie 3

Ce...
Rédactrice et auteure principale
Université St. Francis Xavier

BEVERLEY BUXTON
Rédactrice et auteure principale

EDUCATIONAL PUBLISHING COMPANY
A DIVISION OF CANADA PUBLISHING CORPORATION
Vancouver · Calgary · Toronto · London · Halifax

MW01222234

Le Canada fête l'hiver!

À Yellowknife, dans les Territoires du Nord-Ouest
Le Carnaval du Caribou : Le concours traditionnel de ce festival est le sciage de pitounes. Il y a aussi des courses de raquettes et toutes sortes de concours.

À Whitehorse, au Yukon
Le Rendez-vous des Sourdoughs : Les courses de chiens attelés sont très populaires pendant ce festival. Il y a aussi un concours de barbes. C'est très drôle!

1.

2.

À Calgary, en Alberta
Le Festival d'hiver de Calgary : On peut participer à des compétitions de sculptures sur glace fantastiques! On peut voir beaucoup de compétitions de ski alpin. Le ski est très populaire ici!

À Saint-Boniface, au Manitoba
Le Festival du Voyageur : Saint-Boniface, le quartier français de Winnipeg, est l'hôte de cette célébration unique qui recrée l'époque de la traite des fourrures et la joie de vivre du voyageur canadien-français.

3.

4.

5.

6.

À Vernon, en Colombie-Britannique
Le Carnaval d'hiver de Vernon : À Vernon, il y a de la magie dans l'air. On peut voir des montgolfières qui viennent de partout en Amérique du Nord!

À Saskatoon, en Saskatchewan
Le Winterfest de Saskatoon : On peut voir des feux d'artifice! Comme activités, il y a le patinage en famille, les promenades en traîneaux et beaucoup d'activités multiculturelles.

Camirand

À Québec, au Québec
Le Carnaval de Québec :
On peut fêter l'hiver avec la mascotte du Carnaval. C'est un grand bonhomme de neige, le Bonhomme Carnaval. Il porte une tuque et une ceinture fléchée.

À Pomquet, en Nouvelle-Écosse
Le Carnaval d'hiver de Pomquet :
Ce carnaval célèbre la culture acadienne. Chaque année, on choisit deux jeunes qui jouent les rôles de Gabriel et d'Évangéline.

À Corner Brook, à Terre-Neuve
Le Carnaval d'hiver de Corner Brook : On peut participer à des courses et des relais! Il y a plus de cent activités sportives et culturelles différentes pendant ce carnaval.

À Miramichi, au Nouveau-Brunswick
Le Festival annuel de la motoneige dans les Maritimes : Les chemins dans les bois sont splendides. Les gens viennent de partout pour faire de la motoneige pendant ce festival très populaire.

À Ottawa, en Ontario
Le Bal de Neige : Il y a beaucoup d'activités spéciales sur le canal Rideau. On peut même patiner sur le canal, la plus longue patinoire du monde.

À Charlottetown, à l'Île-du-Prince-Édouard
Le Carnaval d'hiver de Charlottetown : On peut pratiquer des sports d'hiver... comme le hockey! Le défilé de lumières à travers la ville ouvre le carnaval.

7.

8.

9.

10.

11.

12.

Rions, chantons, c'est le Carnaval!

(1)
Rions, chantons, c'est le Carnaval!
Filles et garçons, allons crier au monde
Oyez, oyez, que l'on fasse une ronde,
Autour de Bonhomme Carnaval.

Rions, chantons, c'est le Carnaval!
Pour la plus belle des reines du monde
Oyez, oyez, que l'on danse une ronde,
Autour des murs de la capitale.

(2)
Bonhomme, Bonhomme fais-nous chanter,
Bonhomme, Bonhomme fais-nous chanter,
Nous te suivrons dans tes parades,
Une, deux au Carnaval,
À Québec tu mènes le bal.

Rions, chantons, c'est le Carnaval!
Pour la plus belle des reines du monde
Oyez, oyez, que l'on danse une ronde,
Autour des murs de la capitale.

(3)
Bonhomme, Bonhomme fais-nous danser,
Bonhomme, Bonhomme fais-nous danser,
La mascarade est commencée
Une, deux au Carnaval,
À Québec tu mènes le bal.

Rions, chantons, c'est le Carnaval!
Pour la plus belle des reines du monde
Oyez, oyez, que l'on danse une ronde,
Autour des murs de la capitale.

POUR donner les instructions

aux autres...	à moi et à tout le monde...
Riez!	Rions!
Chantez!	Chantons!

Une exposition de sculptures sur glace et sculptures de neige

Qu'est-ce qu'on pense des sculptures du festival Yuki Matsuri?

Le soleil brille sur ces sculptures. Elles ressemblent à des sculptures de diamant.

Regarde ces sculptures sur glace! Elles sont délicates! Les sculpteurs sont très doués!

Le festival Yuki Matsuri

À Sapporo, au Japon, il y a un grand festival d'hiver : Le *Yuki Matsuri. Yuki* veut dire neige en japonais, et *Matsuri* veut dire festival. Le *Yuki Matsuri* est connu dans le monde entier pour ses sculptures sur glace et de neige. Chaque année, on peut voir 200 sculptures et on organise le concours de la meilleure sculpture. Deux millions de personnes vont aux parcs Odori et Makanomanai pour voir l'exposition de sculptures.

9

Comment faire des sculptures sur glace

Bonjour les artistes en herbe!
Aujourd'hui, nous faisons des sculptures sur glace!

Mettez de l'eau dans des contenants.

1.

Ajoutez du colorant à l'eau.

2.

Gelez l'eau.

3.

Pour des sculptures créatives :

- Chaque groupe doit avoir huit à dix contenants de formes et de tailles différentes pour préparer les blocs de glace.
- Ajoutez plusieurs gouttes de colorants alimentaires pour créer des couleurs intéressantes.
- Pour faire adhérer les blocs de glace avec de l'eau, mettez de la neige entre les blocs.
- Soyez originaux !

Quand on porte un masque, on se transforme! Pendant les carnavals, on porte souvent des masques pour changer de personnalité. Avec les masques, on peut être une nouvelle personne!

J'aime le masque du Japon parce qu'il est comique.

Pendant les festivals japonais, les enfants aiment porter des masques qui représentent des personnages de bandes dessinées. Par exemple, beaucoup portent ce masque de *Anpanman*, un superhéros très populaire.

Tout le monde porte

J'aime le masque de Venise parce qu'il est beau.

À Venise, en Italie, on porte des masques pendant le Carnaval. On les porte dans les rues, pendant les défilés et pour les bals masqués.

J'aime le masque du Mexique parce qu'il est grotesque.

J'aime le masque du Mexique parce qu'il est effrayant.

Au Mexique aussi, on porte des masques pendant le carnaval. Ce masque est créé pour un grand concours annuel de masques. C'est le masque le plus grotesque qui gagne!

J'aime le masque de la Nouvelle-Orléans parce qu'il est coloré.

Voici un masque qu'on porte pendant le défilé du Mardi gras, à la Nouvelle-Orléans.

J'aime le masque de la Nouvelle-Orléans parce qu'il est bizarre.

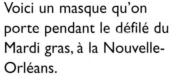
un masque!

Dans plusieurs cultures, on porte des masques pendant les cérémonies traditionnelles. Le masque représente un esprit. Quand on porte le masque, on transforme son esprit.

J'aime le masque de la Colombie-Britannique parce qu'il est intéressant.

Ce masque vient des îles Tami en Papouasie-Nouvelle-Guinée. On porte ce masque pendant une cérémonie qui représente l'arrivée de l'esprit *Tago*.

J'aime le masque de Papouasie-Nouvelle-Guinée parce qu'il est unique.

Ce masque représente le corbeau. Il est fait par les Amérindiens du Nord de la Colombie-Britannique. On danse avec ces masques pour s'approcher des esprits des animaux.

On s'amuse en hiver!

Voici la photo d'une course de canots au Carnaval de Québec. Cette course est dangereuse mais très populaire!

La course sur trois jambes est une bonne activité à faire en partenaires. Quel défi! On peut faire cette course à l'intérieur ou à l'extérieur.

Au Carnaval de Québec, il y a une course de grand prix sur glace. C'est extraordinaire, n'est-ce pas?

Souvent, aux festivals d'hiver, on peut participer à des relais sur patins. Cette activité est organisée en plein air ou dans les arénas.

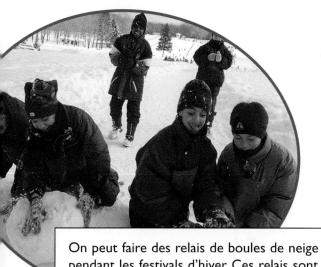

On peut faire des relais de boules de neige pendant les festivals d'hiver. Ces relais sont faciles à organiser mais il faut de la neige!

Les courses de chiens attelés sont très intéressantes. On peut les voir pendant les festivals d'hiver au Yukon et dans d'autres régions.

Les courses de toboggans sont populaires dans les régions où on trouve des collines.

Les courses en sac de pommes de terre sont très amusantes. On saute, on tombe et on rit. On peut faire ces courses à l'extérieur ou à l'intérieur.

Les jeux des Inuit

Durant les longues périodes de noirceur des mois d'hiver, les Inuit ne s'ennuient pas! En plus de plusieurs jeux extérieurs, ils ont inventé toutes sortes de jeux et de concours intérieurs. Voici quelques exemples : celui qui saute le plus haut en dansant, celui qui représente avec une ficelle l'animal le plus compliqué, celle qui chante le KATTAJJAK le plus longtemps, celui ou celle qui danse le plus longtemps le disco...

(extrait de *Nunavik : La terre où l'on s'installe*)

15

Les courses et relais... Allez-y!

Partez de la ligne de départ.

1. Partez de la ligne de départ.

2. Tirez le traîneau.

3. Courez aussi vite que possible.

4. Touchez la ligne d'arrivée.

Courez...

Glissez...

Patinez...

aussi vite que possible.

aussi loin que possible.

Tirez...

le traîneau.

le toboggan.

l'objet.

Sautez...

Roulez l'objet...

Poussez...

16

un relais sur patins

1. Partez de la ligne de départ.

2. Patinez aussi vite que possible.

3. Touchez la ligne d'arrivée.

4. Retournez à la ligne de départ.

5. Touchez la personne suivante.

Retournez à la ligne de départ.

Touchez...

la *personne suivante*.

la ligne d'arrivée.

POUR exprimer une opinion...

Je veux faire une course.
Je ne veux pas faire une course.

Tu veux faire un relais.
Tu ne veux pas faire un relais.

Nous voulons chanter.
Nous ne voulons pas chanter.

17

On peut manger au Carnaval!

Une recette de crêpes françaises

(donne 16 à 18 crêpes)

Les ingrédients :

4 oeufs

3 cuillères à soupe de beurre fondu

1/2 tasse de lait

3/4 de tasse de farine

1/2 tasse d'eau

1/2 cuillère à café de sel

1/4 de tasse de sucre

garniture : sirop d'érable, crème glacée, sirop de chocolat, confiture, fruits, etc.

Les instructions :

1. Mettre tous les ingrédients dans un bol.
2. Mélanger pendant deux minutes avec un batteur.
3. Graisser la poêle à crêpes et chauffer.
4. Mettre trois cuillères à soupe du mélange dans la poêle.
5. Cuire à feu moyen jusqu'à ce que la crêpe soit dorée.
6. Retourner la crêpe et cuire quelques secondes de l'autre côté.
7. Répéter les étapes de 4 à 6.
8. Mettre la garniture de votre choix dans les crêpes.

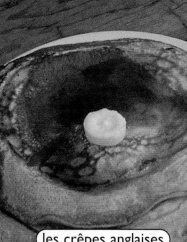

les crêpes anglaises

Recette de la tire

Les ingrédients :
2 tasses de sirop d'érable (ou de sirop de maïs ou de miel)
2 tasses de sucre blanc
2 tasses de cassonade
1 cuillère à soupe d'essence de vanille

Les instructions :
1. Mélanger tous les ingrédients, sauf la vanille, dans une casserole.
2. Cuire jusqu'à 127°C (260°F) au thermomètre à bonbons.*
3. Ajouter la vanille.
4. Mettre une cuillère à soupe du sirop sur de la neige propre.
5. Enlever le sirop de la neige une fois refroidi. Tirer le sirop!
6. Répéter les étapes 4 et 5.

*Attention! Ce mélange devient très, très chaud et peut déborder facilement! La supervision d'un adulte est nécessaire pour cette étape.

le sirop d'érable

la soupe au pois

la tourtière

les fèves au lard

ocolat chaud

la poutine

la tarte au sucre

La tire

Le sirop d'érable fait partie de la tradition culinaire au Canada... surtout au Québec, où on produit environ 11 millions de litres de sirop chaque année! À Québec, les Amérindiens ont appris aux premiers colons à faire du sirop d'érable.

Un peu partout au Canada, pendant les festivals d'hiver, on fait de la tire avec du sirop d'érable dans une cabane à sucre. On fait durcir le sirop sur la neige et on le mange comme un bonbon. Mmmm... C'est délicieux!

POUR donner des instructions

Mélanger...
Cuire...
Ajouter...
Mettre...
Enlever...
Tirer...
Répéter...

Le Festival

DU VOYAGEUR

Venez célébrer l'hiver!

Amusez-vous et fêtez les merveilles du passé!

On peut voir des concours et des spectacles!

On peut manger et danser!

7-16 février

ST. BONIFACE
WINNIPEG • MANITOBA • CANADA

La porte sur votre grande aventure canadienne!